Vente du Lundi 14 Mai 1877

HOTEL DROUOT, SALLE N° 4

A DEUX HEURES

JOLIE COLLECTION

D'ANCIENNES

PORCELAINES

DE CHINE ET DU JAPON

FAÏENCES FRANÇAISES, ITALIENNES & HOLLANDAISES

Objets de curiosité

BELLES BRODERIES DU XVIe SIÈCLE

MEUBLES ANCIENS, TAPISSERIES

EXPOSITION PUBLIQUE

Le Dimanche 13 Mai 1877, de 1 heure 1/2 à 5 heures.

Me ESCRIBE   **M. BLOCHE**

COMMISre-PRISEUR   EXPERT

Rue de Hanovre, 6.   Boulevard Montmartre, 19

PARIS — 1877

V^{es} RENOU, MAULDE et COCK

IMPRIMEURS DE LA COMPAGNIE DES COMMISSAIRES-PRISEURS

Rue de Rivoli, 144

CATALOGUE

D'UNE JOLIE COLLECTION

D'ANCIENNES

PORCELAINES

DE CHINE ET DU JAPON

Vasque, Vases, Coupes. Jardinières, Bols, Pitongs, Figurines

FAIENCES FRANÇAISES, ITALIENNES & HOLLANDAISES

OBJETS DE CURIOSITÉ

Ivoires, Cuivres, Boites, Canon du temps de Henri IV, Coffrets. Cabinets
Émaux de Limoges et de Venise

BELLES BRODERIES DU XVIᵉ SIÈCLE

MEUBLES DES ÉPOQUES LOUIS XIV ET LOUIS XVI

TAPISSERIES

Dont la vente aura lieu

HOTEL DROUOT, SALLE Nº 4

Le Lundi 14 Mai 1877

A DEUX HEURES

Par le ministère de **Mᵉ ESCRIBE**, Commissaire-Priseur,
rue de Hanovre, 6,
Assisté de **M. BLOCHE** Expert, boulevard Montmartre, 19,
CHEZ LESQUELS SE DISTRIBUE LE CATALOGUE.

EXPOSITION PUBLIQUE

Le Dimanche 13 Mai 1877, de 1 heure 1/2 à 5 heures.

PARIS — 1877

CONDITIONS DE LA VENTE

Elle sera faite expressément au comptant.

Les Adjudicataires paieront, en sus de leurs prix, CINQ CENTIMES PAR FRANC, applicables aux frais.

DÉSIGNATION

PORCELAINES .

DE LA CHINE ET DU JAPON

1 — Belle et grande Vasque en ancienne porcelaine
de Chine ; riche décor à rosaces, entrelacs et
lambrequins en bleu sur blanc.

2 — Potiche en ancienne porcelaine de Chine, de la
famille verte ; décor à personnages.

3 — Potiche en ancienne porcelaine de Chine, de la
famille verte ; décor à mandarins.

4 — Potiche en ancienne porcelaine de Chine, de la
famille verte, décorée d'enfants au milieu de
pivoines et d'entrelacs.

5 — Potiche en ancienne porcelaine de Chine, de la
famille verte, décorée d'oiseaux au milieu de
fleurs.

6 — Vase en ancienne porcelaine de Chine, de la famille
verte, fond nuageux en rouge sur lequel se
détachent en émaux de couleur des chevaux et
des fleurs.

7 — Potiche en ancienne porcelaine de Chine, de la
famille verte, fond à écailles de poissons en
rouge de fer, sur lequel se détachent en bleu et
vert des chimères et un paysage.

8 — Vase-Cylindre en ancienne porcelaine de Chine, de
la famille verte ; décor à paysage.

9 — Vase en ancienne porcelaine de Chine ; décor à
personnages.

10 — Paire de jolis Vases, à couvercles, en ancienne porcelaine de Chine, fond noir sur lequel se détachent en émaux vert et rose des fleurs et des
entrelacs.

11 — Vase-Cylindre en ancienne porcelaine de Chine,
famille verte ; décor à guerriers.

12 — Deux Vases, forme boule, en ancienne porcelaine
de Chine, famille verte ; décor à figures.

13 — Vase, forme boule, en ancienne porcelaine de
Chine, famille verte, décoré de lambrequins en
rouge, vert et blanc, et d'arbres en couleur.

14 — Vase, forme boule, en ancienne porcelaine de
Chine, de la famille verte ; décor à figures.

15 — Petite Jardinière en vieux Chine, forme à pans ;
décor à personnages.

16 — Petite Jardinière, à quatre faces, en vieux Chine ;
décor à figures.

17 — Petite Jardinière en vieux Chine, à quatre faces ;
décor à paysages.

18 — Deux Vases en ancienne porcelaine de Chine,
décorés, autour du col et de la panse, de personnages.

19 — Jolie petite Jardinière, à quatre faces, en vieux
Chine; décor à jour en couleur.

20 — Deux Pitongs en vieux Chine, famille verte ;
décor à figures et paysages.

21 — Deux autres Pitongs, décorés, l'un de personnages, l'autre d'objets d'ameublement.

22 — Deux jolis petits Vases en vieux Chine, famille
verte, décorés, l'un de figures, l'autre de branchages.

23 — Jardinière, forme cul-de-poule, en vieux Chine,
famille verte; décor oiseaux et nuages.

24 — Vase balustre renversé en vieux Japon ; décor à
compartiments en bleu, rouge et or.

25 — Vase, de forme surbaissée en vieux Chine; décor à
chimères et fleurs.

26 — Jardinière en vieux Chine, famille verte ; décor oiseaux et chimères.

27 — Vase, de forme surbaissée, en vieux Chine ; décor fond bleu turquoise et vert à cachets et fleurs en couleur.

28 — Vase, de forme surbaissée, en vieux Chine ; fond vert rehaussé de fleurs en couleur.

29 — Statuette de femme en vieux Japon ; décor polychrome.

30 — Bouteille à long col en vieux Chine ; décor paysages en bleu et rouge.

31 — Bouteille en ancienne porcelaine de l'Inde ; décor à fleurs.

32 — Petite Jardinière, à quatre faces, en vieux Chine ; décor fond rose et fond bleu turquoise à cartels en réserve.

33 — Petite Jardinière en vieux Chine, famille verte ; décor à fleurs de lotus.

34 — Deux Pitongs en vieux Chine, de la famille verte ; décor à personnages.

35 — Deux petites Potiches en vieux Chine, famille verte, décorées, l'une de figures, l'autre de fleurs et d'entrelacs.

36 — Pitong en vieux Chine, famille verte ; décor à personnages.

37 — Petite Potiche en vieux Chine, décorée de chimères.

38 — Vase-Cylindre de Chine; décor à oiseaux et feuillages.

39 — Vase-Cylindre de Chine; décor à figures.

40 — Vase-Cylindre en vieux Chine; décor à personnages rehaussé d'or.

41 — Vase-cylindre en vieux Chine, de la famille verte; décor à personnages.

42 — Deux Pitongs en vieux Chine, famille verte; décor à figures.

43 — Deux Pitongs en vieux Chine; décor fond truité en rose, fleurs et chimères en émaux de couleur.

44 — Trois autres Pitongs en vieux Chine; décors variés.

45 — Vase en vieux Chine, famille verte, décoré d'oiseaux et de fleurs.

46 — Belle Bouteille en ancienne porcelaine de Chine, famille des céladons; décor fond bleu turquoise truité fin.

47 — Jardinière en ancienne porcelaine de Chine, famille verte; décor à compartiments de fleurs.

48 — Belle Bouteille en ancienne porcelaine de Chine, famille des céladons; décor fond bleu turquoise truité fin.

49 — Brûle-Parfums tripode de Chine ; décor fond
rouge, rosaces et entrelacs en couleur.

50 -- Vase en vieux Chine, famille des céladons ; décor
fond bleu turquoise.

51 — Jardinière en ancienne porcelaine de Chine, famille
des céladons fond bleu turquoise.

52 — Grand Sucrier avec couvercle, en ancienne porcelaine du Japon ; décor en bleu, rouge et or.

53 — Vase, à huit pans, en ancienne porcelaine de Chine;
décor à fleurs en bleu sur blanc.

54 — Beau Plat rond en vieux Japon, décoré de figures
et de dragons en polychrome et or.

55 — Belle Bouteille en vieux Chine, famille rose; décor
à fleurs et oiseaux.

56 — Vase, de forme surbaissée, en vieux Chine, fond
vert et bleu turquoise, décoré de cachets et de
fleurs en couleur.

57 — Trois Bols en anciennes porcelaines de Chine et
du Japon ; décor polychrome.

58 — Quatre Bols en vieux Japon ; décor polychrome.

59 — Quatre Bols en vieux Chine, de la famille verte ;
fond nuageux rose, fleurs et entrelacs.

60 — Deux Coupes en vieux Japon ; décor bleu, rouge
et or.

61 — Coupe en Japon ; décor à figures et fleurs.

62 — Coupe en Japon, forme à côtes.

63 — Boîte en porcelaine de Chine.

64 — Beau Magot assis en ancienne porcelaine de Chine.

65 — Cornet en vieux Chine, famille verte ; décor à
personnages.

66 — Théière en ancienne porcelaine du Japon ; décor à
fleurs en rouge et or.

67 — Vase en vieux Chine ; décor à figures et paysage.

68 — Potiche en vieux Chine, de la famille verte ; décor
à figures.

69 — Vase en vieux Chine, orné d'anses ; décor à personnages en bleu sur blanc.

70 — Assiette en vieux Chine ; décor fond noir à fleurs
en couleur et cartel à oiseaux.

71 — Deux Vases de Chine, décorès de lézards en relief.

72 — Deux Bouteilles en vieux Japon ; décor à lambrequins fond rouge à têtes chimériques rehaus-
sées d'or.

73 — Brûle-Parfums de Chine, décoré de fleurs en
couleur et en relief.

74 — Belle Coupe en vieux Japon ; décor bleu, rouge et
or.

75 -- Beau Vase en vieux Chine ; décor fond noir à fleurs
et branchages en vert.

76 — Soupière en vieux Chine, décorée de figures et de
caractères en bleu sur blanc.

77 — Huit Compotiers en vieux Chine ; décor médaillons
ronds à paysages sur fond blanc, moucheté bleu.

78 — Veilleuse en ancienne porcelaine de Furstenberg ;
décor à fleurs.

79 — Cache-Pot en ancienne porcelaine de Chine ; décor
à armoirie rehaussée d'or.

80 — Bonbonnière en imitation de Chine et Tasse en
porcelaine de Naples.

81 — Écran en vieux céladon.

FAIENCES

82 — Plat rond de la suite de Bernard Palissy, décoré de
rosaces et feuillages, bords dentelés.

83 — Plat ovale de la suite de Bernard Palissy ; décor
à reptiles et coquillages.

84 — Jolie petite Coupe ronde et creuse en faïence de
Gubbio, décorée à reflets métalliques au centre,
d'un Amour à califourchon sur un oiseau; bords
mordorés (xvi° siècle). Cadre en bois sculpté,
partie dorée.

85 — Levrier en faïence de Rouen; décor polychrome.

86 — Lion et Chien en faïence de Nevers; décor polychrome.

87 — Deux Figurines en faïence de Lunéville.

88 — Deux Plats longs en faïence de Rouen; décor
polychrome.

89 — Pichet en faïence de Moustiers; décor à armoirie et
Amours en bleu sur blanc.

90 — Deux Assiettes en faïence de Rouen.

91 — Quatre Assiettes en terre de pipe.

92 — Deux Compotiers en faïence de Delft; décor polychrome.

93 — Porte-Pipe en faïence de Gien; décor polychrome
à la corne.

94 — Deux Cornets en faïence d'Urbino; décor médaillons a bustes d'hommes et feuillages sur fond
bleu.

95 — Vase en terre vernissée fond vert, décoré de figures
en relief, poterie allemande du XVIe siècle, couvercle en étain.

96 — Plat en faïence moderne, décoré d'une tête de
Vierge.

97 — Jardinière et Porte-Huilier en faïence de Rouen.

98 — Deux petites Assiettes en faïence de Perse; décor à
figures.

99 — Soucoupe et deux Assiettes en faïence de Nevers et
autres.

100 — Grande Bouteille en faïence de Nevers, décorée de
personnages style chinois en bleu et or.

OBJETS DE CURIOSITÉ

101 — Beau Canon en bronze du temps de Henri IV;
culasse ornée de tête de lion, affût clouté avec
ferrures fleurdelisées.

102 — Beau Coffret en bronze émaillé et doré, avec aigles
de Russie.

103 — Beau Livre de prières, avec riche reliure en bronze
doré et émaillé, style byzantin.

104 — Vase, à long col, en verre de Venise (XVIᵉ siècle).

105 — Joli Plat en cuivre repoussé et argenté, époque Louis XIII.

106 — Bénitier en cuivre.

107 — Petit Cabinet vénitien en cuivre gravé (XVIᵉ siècle).

108 — Coffret en cuir gravé, rehaussé de vestiges de peinture (**XVIᵉ** siècle).

109 — Coffret persan ; décor à personnages (**XVIᵉ** siècle).

110 — Sept Boîtes, de formes diverses, ornées de miniatures, de fixés, etc.

111 — Plateau ovale en bois du Tonkin, incrusté de burgau.

112 — Petit Coffret en émail de Venise, à rehauts d'or (**XVIᵉ** siècle).

113 — Dromadaire, formé de perles montées, en vermeil, élevé sur socle en granit rose.

114 — Petit Baiser de paix en émail de Limoges (**XVIᵉ** siècle).

115 — Cuillère, style Renaissance.

116 — Petite Bonbonnière en émail de Saxe (Sujet de chasse), époque Louis XIV.

117 — Bas-relief en ivoire : *Judith* (**XVIIᵉ** siècle).

118 — Haut-relief en ivoire : *Saint Jean-Baptiste* couché ; la chevelure porte encore des vestiges d'or (xvie siècle).

119 — Paire de Mouchettes en cuivre (xviie siècle) et Tête d'homme sur bois (xviie siècle).

120 — Neuf Pièces de jeu d'échec en ivoire, bois et corne.

121 — Lanterne ployante en cuivre repoussé (Louis XIV).

122 — Deux Appliques modernes en bronze, avec glaces à biseaux.

123 — Coupe tripode en bronze, avec médaillon sur l'ombilic (Portrait de reine).

———

MEUBLES

124 — Belle Commode du temps de Louis XIV, richement ornée de bronzes.

125 — Secrétaire en acajou et cuivre, époque Louis XVI.

126 — Console en acajou et cuivre, époque Louis XVI.

127 — Bahut à deux corps en chêne sculpté.

BRODERIES, TAPISSERIES

128 — Beau petit Panneau en broderie au passet, partie
relevée d'or et d'argent, représentant un cava-
lier et un vieillard blessé. Travail du xvi⁰ siècle.

129 — Beau Médaillon en broderie au passet, relevé de
paillettes d'or et d'argent, représentant l'Adora-
tion de l'Enfant Jésus. Travail du xvi⁰ siècle.

130 — Quatre belles Bandes en broderie, représentant les
douze Apôtres sous des arceaux ; fond rouge
rehaussé de paillettes et d'or.

131 — Tapisserie représentant un paysage animé d'oiseaux, d'après *Oudry*, avec bordure.

132 — Trois Tapisseries à personnages et verdures.

Vᵉˢ RENOU MAULDE et COCK, imprˢ de la Compagnie des Commissaires-Priseurs.
rue de Rivoli, 144.   75910